BEI GRIN MACHT SICH IHR WISSEN BEZAHLT

- Wir veröffentlichen Ihre Hausarbeit,
  Bachelor- und Masterarbeit

- Ihr eigenes eBook und Buch -
  weltweit in allen wichtigen Shops

- Verdienen Sie an jedem Verkauf

Jetzt bei www.GRIN.com hochladen und kostenlos publizieren

Bibliografische Information der Deutschen Nationalbibliothek:

Die Deutsche Bibliothek verzeichnet diese Publikation in der Deutschen National-bibliografie; detaillierte bibliografische Daten sind im Internet über http://dnb.d-nb.de/ abrufbar.

Impressum:

Copyright © 2017 GRIN Verlag
Druck und Bindung: Books on Demand GmbH, Norderstedt Germany
ISBN: 9783346109040

Dieses Buch bei GRIN:

https://www.grin.com/document/504519

Clara Saez-Eggers

Betrachtungen zu Manuel de Fallas "El Amor brujo"

GRIN Verlag

GRIN - Your knowledge has value

Der GRIN Verlag publiziert seit 1998 wissenschaftliche Arbeiten von Studenten, Hochschullehrern und anderen Akademikern als eBook und gedrucktes Buch. Die Verlagswebsite www.grin.com ist die ideale Plattform zur Veröffentlichung von Hausarbeiten, Abschlussarbeiten, wissenschaftlichen Aufsätzen, Dissertationen und Fachbüchern.

Besuchen Sie uns im Internet:

http://www.grin.com/

http://www.facebook.com/grincom

http://www.twitter.com/grin_com

Universität der Künste Berlin
BA1 Musik & Spanisch
Abschlussarbeit im Modul 11, Bachelor of Arts
SoSe 2017

Manuel de Falla: *El amor brujo*

Bachelorarbeit

vorgelegt von

Clara Victoria Sáez-Eggers

Berlin, den 16.08.2017

INHALTSVERZEICHNIS

1. Einleitung

Das Ziel dieser Arbeit ist es, *El amor brujo* unter besonderer Beachtung der verschiedenen Versionen und den damit verbundenen Kompositionsprozess von Manuel de Falla zu untersuchen und davon ausgehend zu verstehen. Der Fokus liegt hierbei auf den drei vollständig zugänglichen Versionen von 1915, 1924 und 1926. Für relevante Vergleiche werden auch Ausschnitte weiterer Varianten der Versionen herangezogen. Hinsichtlich des begrenzten Umfangs dieser Arbeit erscheint es sinnvoll, sich auf einige wesentliche Aspekte von *El amor brujo* (dt.: Der Liebeszauber) zu konzentrieren, welche die Entwicklung des Stücks geprägt haben. Im Rahmen dieser Arbeit werden vor allem die strukturellen Aspekte und die Kompositionsmerkmale, die als wesentliche Elemente zu der Entwicklung von *El amor brujo* beitagen, betrachtet. Insgesamt hat de Falla neun Versionen von *El amor brujo* herausgegeben, bei der jede Version eine Überarbeitung der vorherigen Version darstellt.

Um das Werk in seinen verschiedenen Versionen besser verstehen zu können, ist eine Beschreibung des Inhalts und des Charakters desselben unentbehrlich. Im Deutschen wird der Ausdruck *El amor brujo*, wie bereits erwähnt, als *Der Liebeszauber* übersetzt. Dies beinhaltet jedoch nicht die vollständige Bedeutung des Titels: „*El amor brujo* ist doppelsinnig und meint sowohl den Zauberer als auch den Zauber der Liebe."[1] Dadurch ändert sich die Sichtweise auf das Stück, da es in diesem Werk nicht nur um das Mysterium der Liebe geht, sondern auch explizit um das Zaubern selbst.

Aus dem Vorwort zur Neuauflage der ersten Version von 1915[2] geht hervor, dass die *Gitanería* (1915) 16 *números musicales* und das Ballett in seiner Endversion 12 *números musicales de la ballet* (1925) enthält (siehe hierzu Kapitel 4.4). Hier bereits wird deutlich, dass de Falla im Laufe seines Kompositionsprozesses Kürzungen in der Struktur vernommen hat, bei der jede einzelne Version einen anderen Titel trägt (siehe Kapitel 2). Daraus ergibt sich die Frage, was den

---

[1] Gabriele Brandstetter, (hrsg.) von Carl Dahlhaus: „Imperio: El amor brujo (1915)", Pipers Enzyklopädie des Musiktheaters, Laaber, 1989, Bd. 3, S. 145.
[2] Manuel de Falla: *El amor brujo. Gitanería in two acts.* First publication of the original version. Scneraio by Gregorio Martínez Sierra and María Lejarraga. Ed. by Antonio Gallego. Supervising Editor: Nicholas Hare. Vorwort von Jean-Dominiqu Krynen. Chester Music, CH 60664, [1915 version], S. 3.

Komponisten dazu verleitet hat, sein Stück innerhalb von zehn Jahren so häufig zu modifizieren. Trotz der zahlreichen Überarbeitungen spielen die meisten Orchester heutzutage die erste Version von 1915, da sie dem „spanischen Stil" getreuer ist. Was den spanischen Stil ausmacht, wird in Kapitel 3.3 erläutert. Wodurch unterscheidet sich nun die erste Version von der letzten? Verändert sich die Instrumentation? Ändert sich der Kompositionsstil? Warum entscheidet sich de Falla letztlich für die Gattung „Ballett"? Diese Fragen sollen im Verlauf dieser Arbeit exemplarisch anhand einiger Titel beantwortet werden. Die Nummern *El fuego fatuo, Canción del amor dolido, Danza ritual del fuego* und *Danza del terror* eignen sich im besonderen Maße für den Vergleich zwischen den Versionen, weil sie diejenigen Stücke sind, welche fast in jeder Partitur vorkommen und somit einen bestimmten Stellenwert für *El amor brujo* haben. Alle anderen Passagen, die in der finalen Version des Balletts von 1925 erklingen, sind das Ergebnis der Nummern aus der ersten Version von 1915, die im Laufe der Zeit überarbeitet oder weggekürzt wurden. Wie dies geschieht, wird in Kapitel 4 beschrieben. Um im Folgenden auf den Kompositionsprozess eingehen und die verschiedenen Versionen vergleichen zu können, werden zunächst die wichtigsten kompositorischen Elemente von *El amor brujo* anhand der Ursprungsversion beleuchtet (siehe Kapitel 3). Zu diesen kompositorischen Prinzipien gehören zum Beispiel motivische und harmonische Besonderheiten. Zunächst wird eine Übersicht über die Versionen präsentiert (Kapitel 2) und dann folgt erst die Betrachtung der Ursprungsversion. Interessant ist demnach, vor welchen Problemen de Falla all die Jahre kompositorisch gesehen gestanden haben mag und wie er sie löst.

Diese selbstständigen Publikationen tragen besonders zum Verständnis der Interpretationen des Werkes bei: Die die Bücher/ Anmerkungen und Kommentare von Antonio Gallego und Jaime Pahissa. Gallego ist Musikwissenschaftler und Pahissa war ein enger Freund de Fallas, der bei der Uraufführung den Klavierpart übernahm. Außerdem war er sein Biograph und gilt daher als Experte und Zeitzeuge seines Lebens. Gallego ist außerdem ein Spezialist für die spanische Musik und insbesondere für *El amor brujo*. Sein Werk *Manuel de Falla y El amor brujo* ist die umfassendste Publikation zu dem Werk und seine Variationen, zumal in *Manuel de Falla y El amor brujo* das erste Mal übersichtlich zusammengestellt wird, welche Versionen es von dem Werk gibt. Zusätzlich ist der *Catálogo de*

Obras de Manuel de Falla von Gallego sehr aufschlussreich, da in diesem Katalog alle in dem Archiv vorhandenen Versionen zu *El amor brujo* aufgelistet werden. Hilfreich waren zudem die Vorworte zu den verschiedenen Versionen von *El amor brujo*, beispielsweise von Jean-Dominique Krynen (Version I (1915)). In ihnen findet man einerseits wichtige Bemerkungen zu der Aussprache des andalusischen Dialekts und von allen Dingen aber Auskunft darüber, wie viele verschiedene und welche Versionen von *El amor brujo* im Laufe der Zeit entstanden sind, nebst Hinweisen darauf, warum die Komposition immer wieder verändert wurde. Die Aussprache ist jedoch ein Aspekt, auf den in dieser Arbeit nicht näher eingegangen wird. Hilfreich waren auch die Autoren Gilbert Chase, Nancy Lee Harper, Enrique Franco, Federico Sopeña. Letzterer war der Lehrer von Antonio Gallego (siehe oben). Alle Zitate bis auf den polnischen Text von Andzelika Jedrzejczyk „Instrumentacja *El amor brujo* Manuela de Falli", der von Anna Topor übersetzt wurde, wurden von mir mithilfe des Lexikons „Wörterbuch der spanischen und deutschen Sprache" von Dr. Rudolf J. Slaby, Prof. Rudolf Grossmann und Dr. Carlos Illig übersetzt.

Beim Verfassen des Hauptteils erwies sich die Analyse der *Gitanería* durch Andzelika Jedrzejczyk als sehr nützlich, weil die Autorin sich ganz konkret auf die erste und letzte Version von *El amor brujo* bezieht und eine Analyse zu ausgewählten Stücken vornimmt (siehe Kapitel 3.4).

2. Ein Überblick über die verschiedenen Versionen der Komposition *El amor brujo*

I	II	III	IV	V	VI	VII	VIII	IX
1915	1916	1917	1923	1923	1924	1924	1921-25	1921-25
Gitanería en dos cuadros	Versión concierto	Pequeña orquesta	Londres cámara	Versión novísima	Baile pantomima	Orquesta Bética Fanfare	Ballet 1 acto	Suite concierto
[Orchester]	[kleines Orchester]	[kleines Orchester]	[Kammermusik-ens.]	[Kammermusik-ens].	[Orchester]	[Orchester]	[Orchester]	Orchester]

Abb. 1: Schema der verschiedenen Versionen plus die Ergänzung der Instrumentation von *El amor brujo*.

Antonio Gallego zufolge gibt es diese neun obenstehenden Versionen von *El amor brujo*[3]. Es gibt darüber hinaus eine weitere Versionen im Jahre 1921 für Klavier und Gesang, im Jahre 1922 nur für Klavier und im Jahre 1926 für die Besetzung Sextett, die von Gallego nicht aufgelistet werden (siehe Kapitel 4.1.2 und 4.2.1). Interessant zu untersuchen sind die Versionen von I (1915), II (1916), VI/ VII (1924), VIII (1921-25) und IX (1921-25), weil dort die meisten strukturellen Änderungen vorgenommen wurden, wie sich im weiteren Verlauf zeigen wird (siehe Kapitel 4). Wie bereits erwähnt, war die Version von 1915, die *Gitanería*, die Vorlage für die Erstaufführung. In der Version VI (1924) ist zum ersten Mal von dem Genre „Ballett" die Rede, obwohl die *Gitanería* auch bereits Tanz-Elemente enthält. Version IX (1925) kann man nach de Falla als vollständig bezeichnen, da ab diesem Zeitpunkt keine weitere Version von *El amor brujo* für Orchester publiziert worden ist[4].

Zwischen den Jahren 1915 und 1917 (Versionen I-III) wurden zwar keine vehementen Änderungen bezüglich der Struktur vorgenommen, jedoch gab es Änderungen in der Instrumentation, die im darauffolgenden Kapitel genauer erläutert werden sollen. Der Durchbruch des Werkes kam im Jahre 1924 (Version VI), mit der Umwandlung in ein Ballett zustande. Der Hauptgrund für die

---

[3] Vgl.: Antonio Gallego: *Manuel de Falla y el amor brujo*. Alianza Editorial S.A., Madrid, 1990, S. 141.
[4] Ebd.: S. 140.

Modifikation des Genres war der geringe Erfolg bis zu diesem Zeitpunkt. Während des gesamten Kompositionsprozesses gab de Falla außerdem unterschiedlichste Arrangements für Klavier und Gesang von *El amor brujo* heraus, die teilweise nur noch ein Stück bzw. Auszug enthalten (siehe hierzu Kapitel 4.2.1 und die Partitur zu *Danza ritual del fuego*[5]).

3. Die wichtigsten Eigenschaften des Werkes, exemplarisch dargestellt anhand der Uraufführungs-Version (1915): *El amor brujo. Gitanería en dos cuadros*

3.1 Der Ursprung

El amor brujo ist nach der Aussage Martínez, ein pantomimisches Werk, das aus *zwei lyrischen Szenen* besteht[6]. Die erste Version I (1915) ist die erste und letzte Version, die den Titel *Gitanería en dos cuadros* hat, daher soll dieser Titel im weiteren Verlauf erläutert werden. Die *Gitanería* wird als „eine absolut zigeunerische Sache – *eine wahre Zigeunersache* – mit Zauber, Magie, Tänzen und Liedern…"[7], beschrieben. Nach Christian Wentzlaff-Eggebert „der Zigeuner […] als „Wahrsager, Astrologe, Zauberer, Geisterseher, Geheimniskrämer[8]" definiert werden. *El amor brujo* reflektiert somit die Mystik der Zigeunerkultur. Darüber hinaus hat die Kultur der Zigeuner/innen ihren Ursprung in Andalusien, genauer gesagt, in Cádiz, der Geburtsstadt de Fallas: „Der Liebeszauber wurde in Cádiz geboren und blieb *gaditano* (aus Cádiz) auch in seinen multiplen Transformationen"[9].

Mit dieser Kultur, die vor allem in Granada vorherrscht, ist nicht nur eine gewisse Mystik verbunden, sondern ihr wird auch der spanische, andalusische Charakter zugeschrieben. *La Gitanería* ist nach dem Wunsch der Balletttänzerin Pastora Imperio (eigentlich Pastora Rojas Monje), entstanden und wurde in Madrid im

---

[5] Manuel de Falla: *Danse rituelle du feu. Tirée de El amor brujo. Ballet en un acte de G. Martinez Sierra.* J. & W. Chester, LTD., 1921, London, Partitur.

[6] Ignacio Zuloaga zit. nach A. Gallego: *Manuel de Falla y El amor brujo.* "Obra pantomímica", "dos cuadros líricos", S. 39.

[7] Ebd.„Cosa absolutamente gitana – *gitana verdad* – con hechizos, magia, danzas, canciones…" S. 39.

[8] R. Angermüller zit. nach Christian Wentzlaff-Eggebert in Susana Zapke (ed.): *Falla y Lorca. Entre la tradición y la vanguardia.* Europäische Profile 53, Kassel. Edition Reichenberger, 1999, S. 15.

[9] Ebd. Luis Seco de Lucena zit. nach A. Gallego: *Manuel de y El amor brujo.* „El amor brujo nació gaditano y siguió siendo gaditano a través de sus múltiples transformaciones", *S.*42.

Teatro de Lara uraufgeführt[10]. Imperio spielt bei der *Gitanería* eine zentrale Rolle, da sie nicht nur Balletttänzerin ist, sondern auch gleichzeitig der Mezzosopran bei der Uraufführung von *El amor brujo* im Jahre 1915. Die Protagonistin *Candelas* (Imperio) ist die Fusion aus Tanz und Gesang und steht gleichzeitig im Zentrum der *Gitanería*. Dies ist das ausschlaggebende Charakteristikum der ersten Version I (1915), da es in der späteren Ballettaufführung von Version VI (1924) nicht nur eine Darstellerin gibt, die singt und tanzt, sondern mehrere. Auf diesen Aspekt soll später genauer eingegangen werden (siehe Kapitel 4.3). De Falla fasst diesen Aspekt der Entstehung seines Werkes in folgenden Worten zusammen:

> „Das Werk ist höchst zigeunerisch. Um es zu kreieren, fügte ich Ideen immer volkstümlicher Art hinzu, von denen ich einige direkt von Pastora Imperio übernahm, die sie aufgrund der [spanischen] Tradition singt und deren ‚Authentizität' man nicht wird bestreiten können. In den 40 Minuten, die das Werk ungefähr andauert, versuchte ich das Werk *auf Zigeunerart* zu ‚leben'[…]"[11].

Daher rührt der Name *La Gitanería* der ersten publizierten Version de Fallas. Nun stellt sich die Frage, warum de Falla dem Titel der *Gitanería* im Laufe der nächsten zehn Jahre nicht treu bleibt, da nur die erste Version von *El amor brujo* ihren Namen als Überschrift trägt. Dies wird in Kapitel 4.2 erläutert.

Die Reihenfolge der einzelnen Nummern der ersten Version I (1915, *La Gitanería)* ist wie folgt:

CUADRO PRIMERO [Erste Szene]

1) Introducción y Escena → [Einführung und Szene].
2) Canción del amor dolido → [Lied des Liebesschmerzes].
3) Sortilegio → [die Hexerei]
4) Danza del fin del día → [Der Tanz zum Ende des Tages] **la futura danza del fuego**[12]
5) Escena (El amor vulgar) → [Die primitive Liebe] **suprimida luego [später weggelassen]**
6) Romance del pescador → [Die Fischerromanze]
7) Intermedio (Pantomima) → [Das Zwischenspiel] **la futura pantomima**

---

[10] Gabriele Brandstetter, Carl Dahlhaus (hrsg.) in: *Pipers Enzyklopädie des Musiktheaters*, S. 144-145.
[11] Rafael Benedito zit. nach A. Gallego: *Manuel de Falla y el amor brujo*, „La obra es eminentemente gitana. Para hacerla, empleé ideas siempre de carácter popular, algunas de ellas tomadas de la propia Pastora Imperio, que las canta por tradición, y a las que no podrá negárseles la 'autenticidad'. En los cuarenta minutos que aproximadamente dura la obra, he procurado 'vivirla' en gitano" […] S. 41.
[12] Antonio Gallego: *Catálogo de obras de Manuel de Falla*. Ministerio de cultura, dirección general de Bellas Artes y Archivos, Madrid 1987, S.117.

8) Introducción (El fuego fatuo) → [Einleitung, (das Irrlicht)] **suprimido luego**

9) Escena (El terror) → [Die Terrorszene] **casi totalmente suprimido [fast komplett weggelassen]**

10) Danza del fuego fatuo → [Der Tanz des Irrlichts] **luego Danza del terror**

11) Interludio (Alucinaciones) → [Das Zwischenspiel (Halluzinationen)]

12) Canción del fuego fatuo → [Das Lied des Irrlichts]

13) Conjuro para reconquistar el amor perdido → [Der Schwur, um die verlorene Liebe zurückzugewinnen] **suprimido**

14) Escena (el amor popular) → [Die Volksliebe] **suprimida**

15) Danza y canción de la bruja fingida → [Der Tanz und das Lied der simulierten Hexe] **luego Danza y canción del juego de amor**

16) Final. Las campanas del amanecer → [Ende. Die Glocken des Morgengrauens][13].

Die fettgedruckten Ergänzungen stammen aus dem Katalog über de Fallas Werke, der ebenfalls von Gallego herausgegeben wurde (hier Übersetzung in eckigen Klammern). Aus ihm geht bereits auf der ersten Seite zu *El amor brujo* hervor, welche Restriktionen und Abänderungen v. a. Namensänderungen in den folgenden Versionen vorgenommen werden (siehe Kapitel 4).

3.2 Die Symbolik innerhalb des Librettos

Enrique Franco zufolge ist die Konstruktion des Librettos auf die Autoren Gregorio Martínez Sierra und seine Frau María Lejarraga zurückzuführen[14]. Die beiden Autoren sind somit auch die textlichen Gestalter der Rezitative des Mezzosoprans. Um nicht den gesamten Inhalt des Librettos wiedergeben zu müssen, konzentrieren sich die folgenden Analyseansätze auf die relevanten Aspekte der *Gitanería*. Die wichtigste Eigenschaft der *Gitanería* ist, wie im vorigen Kapitel zu sehen war, dass es nur eine Darstellerin für Lied und Tanz gibt, die die Geschichte erzählt: *Candelas*. Die Wort-Symbolik spielt an dieser Stelle eine zentrale Rolle, da sie zu einem besseren Verständnis der musikalischen Motive beiträgt. Eine kurze Interpretation des Inhalts ist an dieser Stelle sinnvoll. So kann der Inhalt des Librettos Andzelika Jedrzejczyk zufolge in zwei Ebenen unterteilt werden: die symbolische und die kulturbedingte Ebene, die mit der

---

[13] Manuel de Falla: *El amor brujo, Gitanería in two acts*. 1915.
[14] Enrique Franco: "Manuel de Falla y su obra", Temas españoles, Publicaciones españolas, Madrid-Espasa, 1976, S. 22.

Tradition und dem Volksglauben der Zigeuner zusammenhängt[15]. Die symbolische Bedeutung ist z. B. bezüglich der Namen der Protagonistin relevant. *Candela* heißt Kerze auf Spanisch. Dieses Wort assoziieren wir mit dem Glauben und dem Guten[16]. Zusätzlich ist dieses Wort assoziativ mit der Jugend, der Vitalität und der Fülle des Lebens verbunden[17]. *Candelas* symbolisiert mag zwar für die pure Lebensfreude stehent, jedoch ist sie von purem Liebeskummer geplagt. In diesem Zusammenhang hat die Nummer *El Fuego fatuo*- das Irrlicht eine wichtige symbolische Bedeutung: Es ist in dieser Aufführung I (1915) ein Symbol für unreine Kräfte, die *Candelas* erlauben, den Geist der verlorenen Liebe zurückzubekommen, sodass sie sich wieder in jemanden verlieben kann"[18], was sich wiederum mit der Mystik und den magischen Kräften der Zigeunerkultur deckt. Demgemäß geht es in der *Gitanería* um die Akteurin *Candelas* die von dem Leid ihrer verlorenen Liebe erzählt sich mithilfe von magischer Kräften von dem Liebesschmerz heilen lassen will. „Eine symbolische Bedeutung haben auch die Musik und der Tanz in diesem Ballett und besonders die Szene *Danza del Fuego fatuo* in der das Gute und das Böse gegeneinander kämpfen[19]". Hier wird dies durch die alleinige Akteurin *Candelas* verkörpert und wie de Falla dies musikalisch dargestellt, soll sich im weiteren Verlauf zeigen.

3.3 Der Flamenco-Stil

Eine Besonderheit des Werkes besteht darin, dass es im Stil des Flamenco geschrieben ist. Flamenco kann als Volksmusik der andalusischen Zigeuner, welche aus dem Orient kommend, seit 1492 in Spanien gewesen waren[20], bezeichnet werden. Nun stellt sich zunächst die Frage, welche die Charakteristika des Flamenco sind, da dies als eine typische andalusische Volksmusik bezeichnet

---

[15] Vgl.: Andzelika Jedrzejczyk: „Instrumentacja *El amor brujo* Manuela de Falli", Kwartalnik Mlodych Muzykologów UJ, nr 27 (4/2015), Uniwersytet Jagiellonski w Krakowie, Übs.: "Treść libretta można rozpatrywać na dwóch płaszczyznach: dosłownej oraz symbolicznej i zarazem kulturowej, związanej z tradycją i wie rzeniami cygańskimi. S. 36.
[16] Ebd. Übs.:"Candela w języku hiszpańskim oznacza świecę." S. 36.
[17] Ebd. Übs: "Wyraz ten kojarzony jest z wiarą i dobrem." S. 37.
[18] Ebd. Übs.: „które nie pozwalają Candeli odzy skać utraconej miłości, by mogła ponownie kogoś pokochać.", S. 37.
[19] A. Jedrzejczyk: „Instrumentacja *El amor brujo* Manuela de Falli", Übs.: *"Wymiar symboliczny ma także muzyka i tańce zawarte w balecie, a w szczególności scena Danza del Fuego fatuo, w trakcie której dobro i zło toczą ze sobą walkę."*, S. 37.
[20] Anonim in:
http://www.musik-for.uni-oldenburg.de/mittelmeermusik/pdf/Blatt20%20Spanien.pdf, zuletzt eingesehen am 05.08.2017.

wird. Gilbert Chase nennt an dieser Stelle den *cante jondo*. Die *seguiriya* stellt er als die authentischste und ursprünglichste Vertreterin desselben vor:

> "The oldest and most characteristic type of Andalusian folk music is that known by the generic name of *cante jondo* (or *cante hondo*)[21], and the most genuine representative of this type is the *seguiriya gitana*[22], in which the survival of Byzantine-Oriental influences may be clearly perceived"[23].

Beide Ausdrücke sind vom andalusischen Dialekt geprägt worden. Das Wort „cante" [kante] in *cante jondo* bedeutet hierbei „Singen", „Gesang" oder „Volksweise"[24]. Das vom andalusischen Dialekt geprägte Wort „jondo" [xɔndo] entspricht dem kastilischen hondo [ɔndo] und bedeutet „tief[liegend]" und im übertragenen Sinne „heftig"[25]. Übersetzt werden kann der Begriff *cante jondo* also mit „tiefer Gesang" im Sinne von „nicht oberflächlich", sondern vielmehr „tiefgreifend", „aus dem Innersten kommend".

Der Terminus *seguiriya* entspricht linguistisch dem kastilischen Wort *seguidilla*. Was auf Deutsch so viel heißt wie „Tanz im ¾ - bzw. 7/8 Takt mit Kastagnetten und Gitarrenbegleitung"[26]. Jedoch können der andalusische und der kastilische Begriff im musikalischen Sinne nicht gleichgesetzt werden, da sie als Gattungen nicht identisch sind[27], „denn mit dem Übergang in die musikalische Tradition der *Gitano*-Familien hatte sich ihr Charakter [...] verändert: Aus dem fröhlichen Volkslied war ein langsames, von Tragik und Schmerz geprägtes Gesangsstück geworden"[28].

Eine weitere Beschreibung für *cante jondo* nach Enrique Franco ist wie folgt:

> „Dieser andalusische Gesang ist vielleicht der einzige europäische, der sowohl was Struktur als auch Stil angeht, die besten Eigenschaften des ursprünglichen Gesangs der orientalischen Völker in all seiner Reinheit bewahrt [eigene Übs.]"[29].

---

[21] Resurección M. de Azkue, Francesco Baldelló zit. nach Gilbert Chase: *The music of Spain*. 2. ed. Dover Publications, inc. New York, 1959: *Cancionero Popular Vasco*, in 12 parts (Barcelona, 1923-24), S.353.

[22] Ebd. S.353.

[23] G. Chase: *The music of Spain*, S. 224.

[24] Dr. Rodolfo J. Slaby, Prof. Dr. Rodolfo Grossmann: *Wörterbuch der spanischen und deutschen Sprache*. Vierte Auflage neu bearbeitet und erweitert von Dr. Carlos Illig. 1975. S. 238.

[25] Ebd. S. 679. Bemerkung: Das kastilische ist die offizielle anerkannte Dialekt-Variante des Spanischen.

[26] Ebd. S 1070.

[27] G. Chase: *The music of Spain*, S. 225.

[28] Bernard Leblon: *Flamenco*. (Mit einem Vorwort von Paco de Lucía), Palmyra, Heidelberg 2001, S. 29.

[29] Enrique Franco: "Este canto andaluz es, acaso, el único europeo que conserva en toda su pureza, tanto por su estructura como por su estilo, las más altas cualidades inherentes al canto primitivo de los pueblos orientales" in: "Manuel de Falla y su obra", publicaciones españolas, Madrid, Nr. 544, 1976, S. 56.

Historisch gesehen lässt sich die Entstehung des *cante jondo*, welcher sich anschließend in Europa ausbreitete, in der Region Andalusien lokalisieren[30]. Wichtig ist in diesem Zusammenhang zu erwähnen, dass es drei wesentliche historische Ereignisse gab, welche die spanisch/andalusische Musik geprägt und beeinflusst haben: a) die Aneignung des byzantinischen Gesangs durch die spanische Kirche b) die arabische Invasion und c) die Immigration und die Niederlassung zahlreicher Zigeuner-Gruppen [auch „Scharen, „Truppen"] in Spanien[31].

Entscheidend für *El amor brujo* ist in diesem Zusammenhang vor allem der Charakter des Gesangs, da dieser besonders in der *Gitanería* im Vordergrund steht: „The *seguiriya gitana* of Andalusia is also known as *playera*, which is derived from the verb *plañir*, „to lament""[32]. Demzufolge kann man dem Gesangstypus *seguiriya* einen gewissen Pessimismus zusprechen, der den *cante jondo* letztlich ausmacht und die Musik von de Falla ebenfalls geprägt hat[33].

Dadurch fließen die Begriffe des „tiefen Gesangs" und der zigeunerischen „Klage" zusammen und bilden eine düstere Klangvorstellung beim Hörer und auch bei de Fallas Werken.

Typisch für den *cante jondo* und somit auch die *seguiriya* ist der Einfluss des byzantinischen Gesangs von allen Dingen was die Modi (Kirchentonarten)[34]. Eine weitere, sehr deutlich zu bemerkene Eigenschaft des *cante jondo* sind die Verzierungen innerhalb des Gesangs, welche aufgrund der verwendeten Tonabstände nicht mithilfe der europäischen temperierten Noten- bzw. Intervallskala festgehalten werden können:

> [the] "ornate melodic embellishment, which, however, is never a merely extraneous ornamentation, but a result of lyrical expansiveness induced by the emotive force of the words. These embellishments lose their essential character when an attempt is made to transcribe them within the fixed intervals of the European tempered scale"[35].

---

[30] Manuel de Falla: *Escritos sobre música y músicos. Debussy, Wagner, El cante jondo.* S. 139-140.
[31] Ebd.: "la adopción por la Iglesia española del canto bizantino; b) la invasión árabe, y c) la inmigración y el establecimiento en España de numerosas bandas de gitanos.", 3. Ed. Espasa-Calpe, colección austral, S. A. Madrid, 1972, S. 139.
[32] G. Chase: *The music of Spain*, S. 225.
[33]Ebd. S. 225.
[34] Manuel de Falla: *Escritos sobre música y músicos.* S. 140.
[35] Ebd. S. 224.

Die Abfolge der Intervalle ist hierbei nicht willkürlich, wie z. B. in einer Improvisation, da ähnliche Motive immer wieder auf eine andere Art und Weise durch Imitation und Wiederholung auftauchen können.

Weitere Eigenschaften, die dem Gesangstypus des *cante jondo* zugehörig sind und die de Falla selbst in seiner Musik einfließen lässt, sind: "the frequent use of the vocal *portamento*, the practice of "sliding" the voice from one note to another through a series of infinitesimal gradations"[36]. Abgesehen von im Zitat beschriebenen Portamento, dem „Gleiten von einer zur anderen Note", sowie dem eigenen Lamento-Charakter (s.o.) ist wichtiges Charakteristikum des *cante jondo* der Gebrauch von Enharmonik. Diese ist hier jedoch nicht nur im Sinne der Verwendung von Halbtonschritten, sondern vielmehr im Sinne der Verwendung von „Intervallen, die kleiner sind als Halbtonschritte" [Mikro-Tonalität] zu verstehen:

> "the use of enharmonism as a means of expressive modulation, that is to say, certain functional notes are divided and subdivided into intervals smaller than a semitone, obeying inflections of the voice [...]"[37].

Insgesamt kann man diesen Gesang als außergewöhnlich und im Grund auch schwer greifbar bezeichnen. Weiterführend besteht der Flamenco nicht nur aus den sängerischen Elementen, sondern außerdem auch aus dem Tanzelement mit Kastagnetten, das de Falla in *El amor brujo* wie folgt einsetzt:

> „Fallas präzis und sorgfältig abgestimmte Instrumentation suggeriert die düstere, dämonische Atmosphäre des Stücks mit einem Minimum an Aufwand; er kommt nahezu ohne Schlagzeug aus und vermittelt doch den Eindruck von Klatschen, Stampfen und Kastagnettenklappern spanischer Musik"[38].

De Fallas Kompositionsstil ist, wie anhand der oben genannten Erklärungen für den Flamencogesang illustriert werden konnte, vor allem durch die rhythmische Komponente geprägt, wie sich im weiteren Verlauf zeigen wird. Wichtig ist nun in diesem Zusammenhang, worin diese rhythmischen Eigenschaften und Komponenten bei *El amor brujo* bestehen. So sind die rhythmischen Wurzeln des Flamenco besonders in *Danza ritual del fuego* wieder zu finden, welches das Kernstück des Balletts darstellt.[39] Die symbolische Bedeutung des „rituellen Feuertanzes" ist als ein Reinigungskult sowie auch als auch eine magische

---

[36] G. Chase: *The music of Spain*, S. 224.
[37] George Boylston Brown zit. nach G. Chase: *The music of Spain*, S. 224.
[38] Vgl.: G. Brandstetter, C. Dahlhaus in: *Pipers Enzyklopädie des Musiktheaters*, S. 145.
[39] Ebd. S. 145.

Beschwörung zu verstehen, und ist Abwehr und Verlockung zugleich[40]. Weiterführend soll es darum gehen, inwieweit sich nun diese Elemente in de Fallas Musik wiederfinden lassen.

3.4 Kompositorische Besonderheiten, verdeutlicht an Notenbeispielen

Im Folgenden orientiert sich die Analyse auf den Artikel von Jedrzejczyk[41] anhand der ersten publizierten Version der Version I (1915) von *El amor brujo*. Dem Flamenco-Stil entsprechend ist die arabische Melodik, hier in der Oboe ersichtlich, auffällig:

Notenbeispiel 1, *Interludio (Alucinaciones)*, S. 132, T. 5-10[42].

Darüber hinaus ist dieses Motiv auch in den Takten 24-29 wiederzufinden. T. 1-5 enthält das Motiv der *Introducción*. T. 16-24 enthält das positive, fröhliche Motiv von *Introducción y Escena* und ist dadurch als ein Rückbezug zum Anfang des Stückes zu verstehen. In diesem Zusammenhang mit der Melodik ist außerdem die Verwendung phrygischer Skalen zu beobachten und die Verwendung des *cante jondo*, hier in der Gesangsstimme:

Notenbeispiel 2: *Canción del amor dolido*, S. 16, T. 24-28.

In Anlehnung an die andalusische Volksmusik/Flamenco in welcher die Gitarre als Begleitinstrument eine wichtige Rolle spielt, ist die Umsetzung atonaler gitarristischer Elemente im Klavier und in den Streichern als Kompositionsmerkmal hervorzuheben (siehe hierzu folgende Kapitel sowie Beispiel, Anhang S. 99, T. 9-11). Ein weiteres typisches Element des Klaviers sind die Glissandi, das dem Gitarrenklang ähneln (*Escena (el terror)*. S. 101, T. 20-22). In *Danza del fin del día* entwickelt sich Gallego zufolge eine alte

---

[40] Ebd. S. 145.
[41] A. Jędrzejczyk in: „Instrumentacja *El amor brujo* Manuela de Falli", S. 33-69.
[42] Manuel de Falla: *El amor brujo*. First publication of the original version. 1915. S. 132.

Zigeunermelodie (S. 30-31, T. 20-26 in der Oboe). Der bereits genannte binäre Rhythmus fällt hier stark auf, da er nach all den bekannten modernen andalusischen Tänzen, die sonst bekannt sind (wie z. B. das Stück *Danza andaluza Nr. 5* von Granados, das im 6/8 Takt steht) ein ternärer Rhythmus vorherrscht, den (eigentlich) alle modernen andalusischen Tänze aufweisen[43]. Wie bereits erwähnt, herrscht in *El amor brujo* eine düstere Stimmung vor, diese kommt unter anderem durch zu die dunklen Klangfarben zustande, ebenfalls in der (*Escena (el terror,* während *Candelas,* der Mezzosopran, im Vordergrund steht und rezitiert (S. 103, T. 5-9). Weitere düstere Klänge zeigen sich durch die tiefliegenden Oktaven im Klavier in *Cuadro segundo, Introducción (El fuego fatuo)* (S. 96, T. 1-2), bei dem das Horn in F eine aufsteigende, dissonante Motivik enthält.

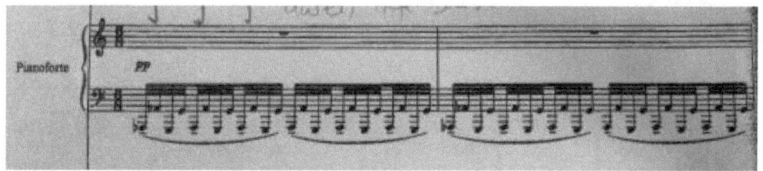

Notenbeispiel 3: *Cuadro segundo, Introducción (El fuego fatuo),* S. 96, T. 1-2.

In *Canción del fuego fatuo* sind weitere Dissonanzen im 3/8 Takt basierend auf der Tonart fis-Moll (S. 137, T. 1-8) zu finden. Ein weiteres Beispiel für Dissonanzen ist der Klavierpart mit den Glissandopassagen welcher im Zusammenhang mit den Tremoli einen dissonanten und teilweise auch schrillen Gesamtklang ergibt (S. 101-102, T. 23-25). Hierdurch wird das Feuer (*El fuego fatuo*) bzw. Irrlicht quasi musikalisch nachgezeichnet.

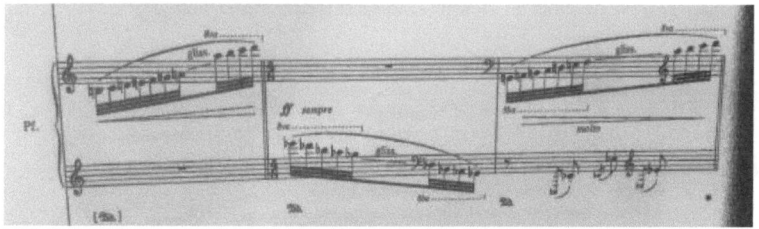

Notenbeispiel 4: S. 205-216, Bsp. S. 206, T. 3-4.

---

[43] A. Gallego: *Manuel de Falla y El amor brujo.* „En esta danza se desarrolla una antigua melodia gitana. Es curioso su ritmo binario, en lugar del ritmo ternario que tienen todas las danzas andaluzas modernas". S. 186.

Im Gegensatz dieser dunklen Klangfarbe steht der Glockenklang, welcher zunächst mit der Klangfarbe des Orchesters zu verschmelzen scheint und schließlich am Ende in *Las campanas del amanecer* inhaltliche Bedeutung erlangt und somit musikalisch hervortritt. Die prägnante und komplexe Rhythmik, welche eine typische Eigenschaft des Flamenco und somit auch der Komposition *El amor brujo,* ist an vielen Stellen der Partitur erkennbar: Im Wechsel von binären und ternären Rhythmen, der häufig unvermittelten Akzentuierung einzelner Töne, in der Verwendung von Triolen, Sextolen, Septolen (etc.), z. B. in *Conjuro para reconquistar el amor perdido.*

Notenbeispiel 5: *Conjuro para reconquistar el amor perdido.* S. 156, T. 13-15.

In *Introducción y Escena* sind Tremoli in den Streichern (S. 8, T. 49-56) zu finden, die die Rezitative von Candelas begleiten. Gallego bezeichnet dies auch als: „Das Tremolo in den Bratschenstimmen [...] markieren einen reinen Rhythmus“.[44] Abschließend zu den genannten Eigenschaften, die den Kompositionsstil von de Falla ausmachen ist noch ein letzterer zu nennen, bei dem das fanfarenartige Thema aus der *Introducción y Escena* in den Streichern in Form eines Quartetts wiederzufinden ist: S. 82-83, T. 21-29.

Nachdem die wichtigsten kompositorischen Merkmale herausgestellt werden konnten, stellt sich nun die Frage, was sich ab diesem Zeitpunkt in der Partitur verändert hat bzw. wie de Falla ab diesem Zeitpunkt weiter vorgegangen ist.

4. Der Kompositionsprozess

4.1 Die Gemeinsamkeiten bis 1925

> "The treatment of the orchestra on the principle of gradation of sounds and numerous references to the guitar texture in strings and piano parts are essential

---

[44] A. Gallego: *Manuel de Falla y El amor brujo* "El trémulo de las violas [...] marcan un ritmo puro". S. 151.

features of Spanish folk music, and are present in all the works of Manuel de Falla"[45].

Jedrzejeczyk betont in ihrem Aufsatz zu *El amor brujo*, dass eines der wichtigsten Bestandteile, die in de Fallas Kompositionen wiederzufinden sind, die spanischen Gitarren-Strukturen sind. Im Liebeszauber sind diese vor allem in den Streichern und im Klavier wiederzufinden, welche die Begleitinstrumente des Werks darstellen. Enrique Franco charakterisiert die Etablierung von Gitarren-Strukturen, in folgender Form:

> „Der populäre Einsatz der Gitarre repräsentiert zwei klar erkennbare musikalische Werte: den äußeren, rhythmischen oder auch direkt wahrnehmbaren und den reinen tonal-harmonischen Wert. Der erste ist die Union von ein paar kadenziellen Wendungen, die leicht anzupassen sind [...]"[46].

Angesichts dieser Aussage ist es einfach, die Elemente wie z. B. dem Arpeggio, welche die Gitarre ausmachen auf die Instrumentation eines Orchesters zu übertragen, da der rhythmische Klang der Gitarre, der durch das Streichen über die Seiten mit der rechten Hand entsteht, von anderen Instrumenten imitiert werden kann, wie z. B. dem Klavier oder den Streichern. Ein Beispiel hierfür ist in den Versionen I, IX und X vorhanden und zwar in dem Stück *Pantomima*: Schon im ersten Takt ist ein Arpeggio in E-Dur im Klavier, das man als simuliertes Gitarrenarpeggio verstehen kann, in der linken Hand und in der Violine II, Viola und Violoncello zu finden (**Notenbeispiel 5**, Version von **1915**, T. 1-2: siehe auch Nr. 7 *Intermedio*, S. 78. und **Notenbeispiel 6**, Version von **1925**, T. 1-2[47].

---

[45] Andrzelika Jedrzcjczyk in: "Instrumentacja *El amor brujo* Manuela de Falli" Übs.: "S. 69.
[46] E. Franco: "Manuel de Falla y su obra",„El empleo popular de la guitarra representa dos valores musicales bien determinados: el rítmico exterior o inmediatamente perceptible, y el valor puramente tonal-armónico. El primero, es unión de algunos giros cadenciales fácilmente asimilables" [...] S. 57.
[47] Manuel de Falla: *El amor brujo, Scéne gitane de l'andalousie. Ballet en un acte de G. Martínez Sierra*. Partition de piano et chant. J. &. Chester, LTD., London. S. 29.

Beispiel 7, Version von **1926**, T. 1-2.

Darüber hinaus gibt es in dem gesamten Werk eine starke harmonische Vielfalt, die sich von Version zu Version nicht ändert[48].

4.1.1 *El amor brujo* als Kammermusikstück

Im Jahre 1916 kreierte de Falla aus der *Gitanería* ein Kammermusikstück. Dies stellte dies keinen allzu großen Aufwand dar, da die Instrumentation der Uraufführungs-Version bereits für ein kleines Orchester gemacht worden war: „Scored originally for chamber orchestra"[49]. Der Gesang fällt als vorherige, unentbehrliche Komponente gänzlich weg: „Die zweite Version wird am 28.03.1916 uraufgeführt und von dem Orquesta Arbós in der Sociedad Nacional de Música gespielt. […] Es wurden hier Rezitative und Lieder gestrichen und diese werden von dem Orchester übernommen"[50]. Darüber hinaus gibt es in der neuen Version von 1916 überwiegend keine großartigen Änderungen in ihrer Struktur, da diese identisch mit der ersten Version von 1915 ist[51]. Es wurden formal gesehen nur die Klammern (*paréntesis*) nach den Überschriften der einzelnen Nummern weggelassen. De Falla machte im Jahre 1916 aus der *Gitanería* ein rein instrumentales Kammermusikstück, eine *Versión de Concierto*[52]. Zuvor kamen folgende Instrumente in der *Gitanería* vor: Flöte (auch Piccolo), Oboe, Horn in F, Kornett in B flat, Röhrenglocken, Klavier, Streicher

[48] A. Gallego: *Manuel de Falla y El amor brujo*. S. 153.
[49] G. Chase: *The music of Spain*, S. 189.
[50] Federico Sopeña: *Vida y obra de Falla, la biografía definitiva del gran músico español*. Madrid, Turner. 1988, S. 77, "La segunda versión se estrena el 28. De marzo de 1916 por la Orquesta Arbós en la Sociedad Nacional de Música. (…) Se han suprimido recitados y canciones y éstas pasan a la orquesta".
[51] A. Gallego: *Manuel de Falla y el amor brujo*, S. 125.
[52] A. Gallego: *Manuel de Falla y el amor brujo*, "La nueva versión no se planteó ninguna innovación en el argumento de la obra, siguiendo paso a paso la estructura de la primera versión, (…), con la única salvedad de la supresión de todos los recitados y cánticos.", S. 124.

und Mezzosopran[53]. Die Stimme wird in den Nummern 15 *(Danza y canción de la bruja fingida)* und 16 *(Final. Las campanas del amanecer)* durch die Instrumente ersetzt[54]. Die Veränderungen in der Instrumentation sind solcherart:

> „Zusammen mit dem Streichquintett und dem Klavier betraf die Erweiterung der Instrumentation vor allem die Blasinstrumente und die Perkussion: Zwei Flöten, bei der eine von ihnen zur Piccoloflöte wechselt (vorher gab es nur eine einzige Flöte für beides), eine Oboe, die durch das Englischhorn ausgetauscht wird (vorher war es auch nur eine Oboe), zwei Klarinetten und ein Fagott (..), zwei Hörner (vorher gab es nur eins), zwei Trompeten (vorher ein Kornett), Kesselpauken, Schlagzeugbecken und Glocken (vorher gab es nur letztere)"[55].

4.1.2 Version for sextet (1915 rev. 1926)

Nachdem die Endversion für das Orchester herausgegeben wurde IX (1925), gab de Falla die Version für das Sextett im Jahre 1926 als überarbeitete Version des Sextetts von 1916 heraus[56]. Harper bekräftigt dies wie folgt: „A chamber version for sextet (string quintet and piano) was also made in 1915 and revised in 1926 (XLV). Both versions are housed at the AMF (Archivo Manuel de Falla) and contain the approximate duration of 16'"[57]. Die anfängliche Länge der *Gitanería* von 40 Minuten ist hiermit daher nicht mehr gegeben. Die starke Reduktion der Gesamtlänge ist auf die begrenzte Anzahl der Nummern zurückzuführen, da nur folgende Stücke in der bearbeiteten Sextett-Version von 1926 vorhanden sind:

1. *Pantomima*
2. *Danza ritual del fuego*

Diese beiden Stücke sind, wie bereits in den vorherigen Kapiteln herausgestellt werden konnte, die bekanntesten Stücke aus *El amor brujo*. Dadurch, dass der Gesang in dieser Version nicht vorhanden ist, nähert sich die Version des Sextetts

---

[53] Manuel de Falla: *El amor brujo. First publication of the original versión.* Chester Music, London. 1915.
[54] A. Gallego: *Manuel de Falla y el amor brujo,* "La sustitución de la voz por instrumentos en los episodios 15 y 16", S. 124.
[55] Ebd. "Junto al quinteto de cuerdas y el piano, a ampliación afectó al viento y a la percusión: Dos flautas, una de ellas mudando en piccolo, (antes, una sola mudando en piccolo), un oboe que muda en corno inglés (antes, solo oboe), dos clarinetes y un fagot (…), dos trompas (antes una), dos trompetas (antes un cornetín), timbales, platillos y campanólogo (antes, solo éste último)" S. 124.
[56] Manuel de Falla: *Pantomime and Ritual fire dance from El amor brujo, Version for sextet (1915 rev. 1926).* Transcription for piano, 2 violins, viola, cello and double bass, by the composer (1915/1926), Chester Music (A division of Music Sales Ltd.). Diese Version wird von Gallego nicht erwähnt.
[57] N. L. Harper: *Manuel de Falla. His life and Music.* S. 367.

der Orchesterversion stark an. Dadurch kann man in diesem Zusammenhang von der finalen Version des Sextetts sprechen.

> „[The] Comparison with the orchestral version allows the re-assignment of instrumental roles proper to this transcription to be traced. The strings preserve the essential elements of writing for the orchestral string section (in terms of timbre and balance of ensemble); accompanying figures and register are little modified. Exchanges between soloists are respected, including passages where the strings substitute for wind instruments, with the exception of the following: Pantomima & Ritual Fire Dance"[58].

Aus dem Vorwort geht hervor, dass der „rote Faden" der beiden genannten Nummern in der Orchesterversion I (1915) über die zehn Jahre hinweg erhalten geblieben ist. Die Streicher übernehmen dieselbe Funktion wie zuvor, es gibt nur kleine Einschränkungen, die auf bestimmte Figuren, die in den Begleitinstrumenten auftauchen und auf das Register zurückzuführen sind: Das Thema in der Oboe übernimmt an dieser Stelle das Klavier, das die zuvor genannte „alte Zigeunermelodie" aus *Danza del fin del día* in der *Gitanería* kennzeichnet (siehe Version X (1926), S. 18-19, ab T. 16).

Auch die Streicher übernehmen in der Kammermusikversion X (1926) den wichtigen Part der Soli: „*Ritual fire dance:* constant writing for violin 1 conveys little of the original string – wind contrasts in section 4 to 8."[59] Beispielsweise übernimmt die Viol den Solopart der Oboe (molto tranquillo im Stück *Pantomima*. Danach übernimmt die Geige diesen Part einen Takt früher als in der Orchesterversion, ohne dass die Viola den Part wieder übernimmt[60]. Die Besonderheiten des Sextetts sind folglich, dass die tragenden Melodieinstrumente Oboe und Querflöte, die in der *Gitanería* vorhanden sind, fehlen und nicht nur durch die Streicher, sondern auch durch das Klavier ersetzt werden. Dies ist außerdem ein wichtiger Unterschied zu der zuvor betrachteten Version II (1916).

Aufgrund der Instrumentation, die ein Sextett ausmacht, das nur aus Streichern besteht, entstehen neue Klangfarben. In dem katalanischen Artikel aus der Zeitschrift *Ayuntamient* wird dies folgendermaßen beschrieben: "Die Instrumentation für das Kammermusikorchester erlaubt die Kreation für eine agile

---

[58] Vgl.: Manuel de Falla: *Pantomime and Ritual fire dance from El amor brujo.* Partitur. Vorwort S. 3
[59] Ebd. S. 3.
[60] Ebd. S. 3.

Musik, die nah an der Spontaneität ist. Außerdem ermöglicht sie die Suche für neue Harmonien und sonore Effekte, (die es vorher noch nicht gab)"[61]. Die Besetzung eines Kammermusik-Ensembles, das nur aus Streichern und Klavier besteht, führt zwangsläufig zu einer neuen Klangfarbe von *El amor brujo*. De Falla spielt demzufolge mit unterschiedlichen Varianten der Instrumentation, da ihn weder diese noch die vorige Fassung zufriedenstellten. Die Funktion des Klaviers in dem Kammermusikstück äußert sich als die folgende:

> "The piano – as well as assuming its own role, since it is present in the orchestral score – conveys the dynamic character – (effects of weight and accent) – of the wind instruments, in addition to this contrasting timbre which compensates for their absence (with the exception of the final 'vivo ma giusto' where it does not serve to reinforce the strings' substitution of the wind instruments' rising line)"[62].

Das Klavier ist, wie bereits erwähnt, ein Element, dass nicht nur in allen Versionen auftaucht, sondern auch in dem Sextett unentbehrlich ist, da es jeglichen Verlust von Haupt- und Nebenstimmen durch seine Funktion als Harmonieinstrument kompensiert. Die Hauptaufgabe des Klaviers in dieser Version ist außerdem, die dynamischen Unterschiede auszugleichen. Da die Besetzung von fünf Streichern nicht ausreicht, um alle farblichen Kontraste herzustellen, die in der Orchestervariante durch die Blasinstrumente und den Gesang erzeugt werden, sorgt das Klavier dafür, dieses Ungleichgewicht wiederherzustellen.

4.2 Die Unterschiede bis 1925

Die drei essentiellen Unterschiede der ersten und den anderen Versionen nach Gallego sind:

a) „Der theatrale Charakter, den er [de Falla] zehn Jahre lang nicht würde wiedererlangen können, erst recht nicht, da das Genre variiert wurde und so ist es [in der Version von] 1915 sehr besonders: „Apropos", „Pantomime" mit Tänzen und Liedern…

b) Die Instrumentation, die in 1915 aus praktischen Gründen eigentlich für eine kleine Kammerbesetzung gedacht war (…)

---

[61] Anonym: "El amor brujo de Manuel de Falla" in
(http://ivc.gva.es/wp-content/uploads/2014/09/21415-Candelas.-El-amor-brujo-de-Manuel-de-Falla.pdf) "La instrumentación de orquesta de cámara permite la creación de una música ágil, cerca de la espontaneidad y cercanía. Además, la búsqueda de nuevas armonías y efectos sonoros", zuletzt eingesehen am 02.08.2017, S. 6.
[62] M. de Falla: *Pantomime and Ritual fire dance from El amor brujo*. Partitur. 1926, Vorwort S. 3.

c) Die gesprochenen Texte im Jahre 1915, die später radikal herausgekürzt wurden. Außer der Hauptperson der *Gitanería*, Candelas, die außerdem zwei Lieder hat, sowie gesungenen Tanz und ein paar Nummern in denen sie rezitiert und singt, alle anderen Personen – die Protagonistin mit einbezogen – ansonsten sprechen nur"[63].

Angesichts dieser Unterscheidung nach Gallego, ist die *Gitanería* ein einzigartiges Stück, weil es aus mehreren Tänzen und Liedern besteht und den originellen Zigeunerritus wiedergibt. Dennoch wird die Orchestration im Jahre 1924 um ein Vielfaches vergrößert, damit das Werk in ein Ballett umgeformt werden kann (siehe Kapitel 4.3). Wichtig ist auch an dieser Stelle zu erwähnen, dass die Hauptperson *Candelas* die einzige ist, die in der *Gitanería* das Privileg hat zu singen. Dadurch ändert sich der gesamte Charakter von *El amor brujo:* Aus den anfänglichen Zigeunerritualen, die auf eine bestimmte Zielgruppe zurückzuführen sind und die durch die Hauptdarstellerin Imperio wiedergegeben werden und der beschränkten Instrumentation wird eine pantomimische Liebesgeschichte, bei der das Tanzelement im Vordergrund steht, die auf das Genre Ballett zurückzuführen ist.

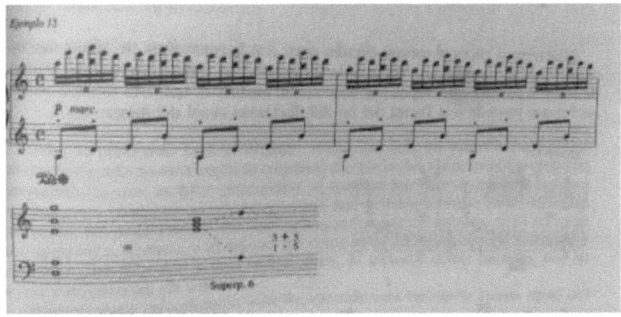

Notenbeispiel 8 *Las campanas del amanecer. Superposiciones.*

In diesem Notenbeispiel[64] für Klavier und Gesang differiert im Übrigen die rechte Hand stark zu all den anderen Versionen für Orchester, da in diesem Beispiel Sextolen vorhanden sind. Wie in Kapitel 3.4 gezeigt werden konnten, ist ein Hauptmerkmal des Stücks *El amor brujo* die komplexe Rhythmik. Daher finden sich die Sextolen, die zuvor auch in der *Gitanería* auftauchten auch in dieser

---

[63] Vgl.: A. Gallego: *Manuel de Falla y el amor brujo*, "Las diferencias esenciales: a) El carácter teatral (…), b) La instrumentación (…), c) Los textos hablados de 1915 (…)", S. 119-121.
[64] De Falla zit. nach A. Gallego: *Manuel de Falla y El amor brujo*. S. 155-160.

genannten Version. In diesem Kontext taucht vermehrt das Wort *Superposiciones* auf. Die *Superposiciones* werden zwar als „Überlagerung" übersetzt, beschreiben jedoch einen Prozess, bei dem beispielsweise auf die Quinte eines Akkords in Grundstellung nochmals eine Quinte hinzugefügt wird[65]. Dies entspricht dann einer *Superposición* von 5+5 (Quinte+Quinte). In der Abbildung ist jedoch eine *Superposición* in *Las campanas del amanecer* von der Terz (3+5) aufsteigend und dem Grundton (1-5) absteigend ausgemacht worden, die auf einem e-Moll-Akkord in weiter Lage basiert. Nancy Lee Harper verdeutlicht dies beispielsweise anhand der Nummern von *Ritual Fire Dance* und *The Magic Circle* aus Version I (1915): Example 1: C major = 5+5...+5+3+5... T. 21-26. Example 4, C major = 5+5, 3+5...-5, 1-5[66]. Bei der Version von VI/VII (1924)[67] sieht die Ausführung der rechten Hand, die außerdem der ersten Version gleicht, wie folgt aus:

Beispiel 9: *Las campanas del amanecer.*

Sie bestehen aus einer Triole und einer angehängten Achtel. In der Fassung für Klavier und Gesang von 1921 (siehe Beispiel 7) imitiert das Klavier die Oberstimmen.

4.2.1 Weitere Versionen

Version von III (1917) *La versión de concierto para pequeña orquesta* [Die Konzertversion für ein kleines Orchester] stellt die dritte veröffentlichte Version von *El amor brujo* dar. Die Probleme dieser Version liegen in der Kürzung zweier Nummern, die eine große Veränderung hervorrufen: Es entstehen Lücken. Zudem wurden einige Episoden in dem Konzertsinne bedeutungslos, da sie repetitiv und unverständlich wurden. Außerdem erreichten sie nicht die Höhe der übriggebliebenen Nummern[68]. Aus dem Katalog von Gallego, der über *El amor brujo* erstellt wurde geht außerdem hervor, dass die Version III (1917) Teile aus

---

[65] Vgl.: N. L. Harper: *Manuel de Falla. His life and music.* S. 197.
[66] Ebd. S. 199.
[67] Manuel de Falla: *El amor brujo. L'mour sorcier.* Orchesterpartitur, Chester. London. 1924. S. 101.
[68] A. Gallego: *Manuel de Falla y el amor brujo.* S. 127.

dem Material von der Version II (1916) enthält und von großem Interesse ist, da sie den Weg zur letzten Version des Balletts und der dazugehörigen *Suite concierto/orquestal* von IX (1925) ebnet[69]. Dies ist dadurch begründet, dass die Nummern 5, 8 und 9, 13 und 14 aus der ersten Version weggekürzt wurden[70]. Diese Anordnung der Struktur ähnelt der späteren Endversion sehr (Siehe Kapitel 4.4). In Version ist die Struktur demzufolge als solche zu erkennen:

    I. Introducción y Danza del fuego fatuo ([später] Danza del terror)

    II. Romance del pescador.

    III. Danza del fin del día ([später] Danza del fuego fatuo)

    IV. Intermedio ([später] Pantomima)

    V. a) Danza de la bruja fingida ([später] Danza del juego de Amor) b) Final[71].

Damit das Stück international gesehen mehr Anerkennung gewinnt, unterschrieb de Falla zwar den Vertrag mit Chester im Jahre 1919, doch damit war es nicht getan:

> „Es fehlte ohnehin die Eroberung des restlichen Landes und der internationale Ansturm. Nachdem der Vertrag mit Chester unterschrieben wurde (1919) schien es, als wäre die Frage, wie die Musik komponiert werden solle, beantwortet worden, doch dies war nicht der Fall"[72].

Im weiteren Verlauf soll näher auf die genannten Modifikationen eingegangen werden. Nach der Unterzeichnung des Vertrags mit Chester kamen diverse weitere Varianten von *El amor brujo* zustande wie z. B.: Die Klavierversion von 1922 „Recit du pecheur", *Romance del pescador* die von Gallego außer Acht gelassen wird. Darüber hinaus gibt es die Version von IV/V (1923) *Londres cámara / Versión novísima,* die wiederum einer Version für das Kammermusikensemble entsprechen. Nach der Fertigstellung der Version IV (1923) trat der Erfolg des Balletts nun weltweit ein, wie sich de Falla nach der Instrumentation in ein Kammermusikensemble anfänglich erhofft hatte: *El amor brujo* wird in ganz Europa aufgeführt und überdies zum ersten Mal in Paris mit dem Orchester Colonne[73]. Das Stück enthält bei dieser Ausführung allerdings nur folgende Nummern: *I. Danse rituelle de Feu (pour chasser les mauvais esprits), II. Le Cercle Magique (Récit du Pecheur), III. Pantomime,* und *IV. Danse du jeu*

---

[69] A. Gallego: *Catálogo de obras de Manuel de Falla.* S. 145.

[70] Ebd. S. 145.

[71] Ebd. S. 145.

[72] A. Gallego: *Manuel de Falla y el amor brujo.* "Faltaba, de todos modos, la conquista del resto del país y el asalto internacional. Una vez firmado el contrato con Chester (1919), la cuestión, en lo que a la música se refiere, parecía completamente dilucidada. Pero no era así"[72] S.129.

[73] A. Gallego: *Manuel de Falla y el amor brujo.* S. 131.

d'amour et Finale. Aus dieser drastischen Reduktion wird deutlich, dass der gesamte Anfang weggestrichen wurde. Darauf folgt einen Monat später die *Versión novísima de Sevilla* V (1923), die im Charakter der allerersten Version gleicht[74]. Um auf Jedrzejczyks Analyse der *Gitanería* in Kapitel 3.4 Rückbezug zu nehmen, werden nun die wichtigsten Elemente zusammengefasst, die von der genannten Version I (1915) abweichen.

4.3 Version VI und VII (1924): Der Durchbruch zum Ballett

<u>4.3.1 Die wesentlichen Änderungen</u>

Wie bereits erwähnt, liegt der Fokus auf den Versionen der Notenbeispiele von 1915, 1924, 1925 und [X] (1926), da sich in diesen Versionen die wesentlichen Überarbeitungsmerkmale bemerkbar machen. Letztere bezog Gallego nicht in seine Analyse mit ein. Dennoch können die wesentlichen Unterschiede innerhalb der genannten Versionen dank der ausführlichen Beschreibung Gallegos in seinen zwei Werken *Manuel de Falla y El amor brujo* und *Catálogo de obras de Manuel de Falla*, kenntlich gemacht werden wie bisher gezeigt werden konnte. Die Version VI/VII (1924) hat eine besondere Stellung in Bezug auf die Entwicklung von *El amor brujo*, da es hier nicht nur eine wesentliche Unterscheidung in der Struktur gibt, sondern auch eine auf das Genre bezogene: *El amor brujo* transformiert sich von der *Gitanería*, bis hin zu einer Kammermusikversion zum Ballett, damit es international verstanden werden kann[75]. Dies entspricht der Änderung, die zu Beginn dieses Zeitpunktes in Klammern oder als Einschub dargestellt wird und als „baile pantomima", [pantomimischer Tanz] verstanden wird[76]. Das bedeutet, dass der Titel im Jahre 1925 ebenfalls zweimal modifiziert wird, wie zuvor bei den Versionen IV/V (1923) und VI/VII (1924) zu sehen war. Wie in den Versionen IV/V (1923) ersichtlich ist, reichen fünf Nummern allein nicht aus, um ein Ballett auf der großen Bühne zu präsentieren. Die aus dieser

---

[74] Ebd.: S. 132.
[75] A. Gallego: *Manuel de Falla y el amor brujo* S. 135.
[76] Ebd. S. 133.

Überlegung entstandenen Nummern, die wiederum durch die vorigen erschienenen Nummern ergänzt wurden, sind demzufolge:

a) Introducción. En la cueva de los gitanos.

b) El aparecido. Danza del fuego fatuo (la que ya se denominaba en la partitura impresa Danza del terror [welche sich bereits in der gedruckten Version als Danza del terror bezeichnen ließ]

c) Media noche. Los sortilegios.

d) Danza ritual del fuego.

e) Escena, Pantomima.

f) Romanze (sic) del pescador.

g) Danza del amor.

h) Final. Las campanas del amanecer[77].

Mit dieser Änderung der Struktur und des Genres war es dennoch immer noch nicht getan: De Falla ändert die Version VI *Baile pantomima* erneut und konvertiert diese in eine Konzertversion für das VII *Orquesta Bética de Cámara*, ebenfalls im Jahre 1924[78]. De Falla wählt folglich nochmals eine Kammermusik-artige-Version, die einer instrumentalen Version entspricht, da mehr als sechs Instrumente in der Besetzung vorhanden sind. In der Version VI (1924) finden sich nur kleine namentliche Varianten: Nummer II. heißt nun *(En la casa...) y Canción del amor dolido*, bei Nummer III. wird *el Aparecido* in Klammern gesetzt, *El círculo mágico* befindet sich an vierter Stelle und war vorher *Romance del pescador*, dh. de Falla kann sich bis zu diesem Zeitpunkt nach wie vor nicht entscheiden, wie er diese Nummer nun nennen möchte, *El círculo mágico* oder *El romance del pescador*. Aus *Danza del amor* wird *Danza del Juego de amor* und *Las campanas del amanecer* wird auf *Final* gekürzt[79]. De Falla beschreibt diese Version außerdem das erste Mal als "theatrales Werk"[80], die der letzten Version von *El amor brujo* langsam näherkommen sollten. Die Reihenfolge der einzelnen Nummern der vorletzten Version mit ihren Innovationen ist wie folgt:

1) Introducción y Escena

2) **En la Cueva [In der Höhle]**

3) **Canción del amor dolido**

4) **El Aparecido [Der Erschienene]**

5) Danza del Terror

---

[77] Ebd. S. 133.

[78] Vgl.: A. Gallego: *Manuel de Falla y el amor brujo*. S. 134.

[79] Ebd. S. 134.

[80] Ebd. S. 135. "Carta [Brief] de Falla a O.M. Kling", Madrid, 10.II.1920. zit. nach: A. Gallego: *Manuel de Falla y el amor brujo*.

6) **El círculo mágico (Romance del pescador) [Der magische Kreis (Die Fischerromanze)]**

7) A media noche (Los Sortilegios) [Um Mitternacht (die Hexereien)]

8) Danza ritual del Fuego (para ahuyentar los malos espíritus) [Ritueller Feuertanz (um die bösen Geister davon zu jagen)]

9) **Escena**

10) Canción del fuego fatuo

11) Pantomima

12) **Danza del Juego de Amor [Der Tanz des Liebesspiels]**

13) Final. Las campanas del amanecer[81].

Eine wesentliche strukturelle Änderung im Vergleich zur *Gitanería en dos cuadros* ist die Reduktion von drei Nummern. Von zunächst 16 Nummern sind nur 13 Nummern übriggeblieben (vgl. Kapitel 3.1). Beim Hören aktueller Aufnahmen fällt auf, dass der Mezzosopran an opernhaftem Charakter gewinnt. Dadurch klingt die Stimmführung bei *Canción del amor dolido* „systematischer" als in der ersten Version in I (1915) und verliert somit den typischen *cante jondo* Charakter, da die genannten Elemente des Gesangs wie z. B. das Gleiten der Stimme und die Enharmonik dadurch nicht gegeben sind. Dies ist einer der Hauptunterschiede zwischen der *Gitanería* und dem Ballett. Seltsamerweise ist in den folgenden Notenbeispielen eine Verdoppelung des Sextolen-Motivs in der Gesangstimme bei der Version von VII (1924)[82] zu finden, die in der in der Version I (1915)[83] noch nicht vorhanden war:

Notenbeispiel 10, T. 60-62, Nr. 2 *Canción del amor dolido.* Version I (1915).

---

[81] Manuel de Falla: *El amor brujo*, Orchesterpartitur, *L'mour sorcier.* Chester. London. 1924.

[82] Ebd. S. 19.

[83] M. de Falla: *El amor brujo. Gitanería in two acts.* 1915. S. 24.

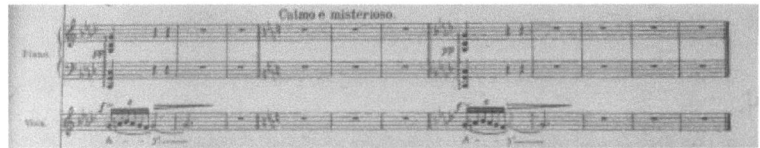

Notenbeispiel 11, T. 33-41, *Canción del amor dolido*. Version VII (1924).

Man kann jedoch feststellen, dass diese Dopplung der Sextole in diesem Lied den *cante jondo*-Charakter unterstreicht, der ansonsten aufgrund der Kürzungen zu kurz kommt.

4.3.2 Die Veränderungen in der Symbolik des Librettos

> „In der Version aus dem Jahre 1924 ändert sich die Handlung des Librettos. Wir erfahren, dass der Verlobte von Candela, der in der ersten Version ein Zigeuner ist, in einer Schlägerei getötet wird. Sein Geist möchte jedoch nicht zulassen, dass Candela mit Carmelo zusammenkommt (dieser Aspekt erscheint nicht in der *Gitanería*). Um Candela vor dem Geist zu retten, schlägt die alte Zigeunerin vor, dass Lucia (in der ersten Version eine Zigeunerin) ihn mit einem Tanz verführte. Wenn dies geschieht, bekommt die Hauptdarstellerin [Candelas] ihre Freiheit zurück und kann Carmelo endlich heiraten. Der Name Lucia kommt aus dem Wort luz- heißt Licht- ein Symbol des Guten und des Glaubens. Carmelo symbolisiert das Süße, sich berauschen mit der Süße der Liebe in physikalischem Sinne"[84].

Gallego verstärkt die Aussage von Jedrzynek wie folgt: „Für diese Version überlegten sie sich ein neues Argument (die spätere Eifersucht eines alten Liebhabers von Candelas, Der Erschienene oder das Gespenst) und eine Strukturwandlung dieser Figur durch das Hinzufügen des bedeutsamen Charakters Lucía"[85].

---

[84] A. G. Piotrowska zit. nach A. Jedrzynek: "Instrumentacja *El amor brujo* Manuela de Falli", "W wersji baletu z 1924 roku zmienia się nieco treść libretta, z którego dowia-dujemy się, iż narzeczony Candeli (w pierwotnej wersji Cygan) ginie w bójce. Jego duch nie chce pozwolić głównej bohaterce, aby związała się z Carmelem (nie występuje w Cyganerii). Aby uwolnić Candelę od jarzma uczucia Widma Stara Cyganka proponuje, by Lucia (w pierwotnej wersji Cyganeczka) uwiodłago swoim tańcem. Gdy tak się stanie, główna bohaterka odzyska wolność i bę dzie mogła poślubić Carmela. Imię Lucia pochodzi od słowa luz oznaczającego światło – symbol wiary i dobra. Carmelo symbolizuje słodycz (w języku hiszpańskim caramelo znaczy karmel), w domyśle upojenie słodką miłością o wymiarzefizycznym. S. 36- 37.

[85] A. Gallego: "Para ello, imaginaron un nuevo argumento (los celos póstumos de un antiguo amante de Candelas, el Aparecido o Espectro), y la reconversión del personaje de la Gitanilla en uno de más relevancia: Lucia." S. 135.

Es ist also festzustellen, dass *El amor brujo* durch die neue Bezeichnung des Genres Ballett als solches verstanden werden kann, da der Fokus nun nicht mehr auf der einzelnen *Gitanilla* (Candelas) liegt, die eine Geschichte über die verlorene Liebe erzählt, sondern einer neu erfundenen Handlung, bei der neue Charaktere wie z. B. Lucía einbezogen werden und die Handlung stark durch ihren Charakter verändern[86]. Die eifersüchtige, alte und verlorene Liebe *José* erscheint in dem Ballett daher als *El Aparecido*, der Erschienene, in Form eines Gespenstes, von dem in der *Gitanería* noch nicht die Rede war. Außerdem steht die Darstellerin *Candelas* durch die Erweiterung des Charakters *Lucía* nicht mehr im Vordergrund, da es nun um die Verführung des gestorbenen Geistes geht, damit *Candelas* Ruhe finden kann und mit *Carmelo* zusammen sein kann und nicht mehr um die *Gitanilla*, die das Publikum allein in den Bann zieht. Diese Rolle der Verführung wird in der Neuaufführung *Lucía* zugesprochen. Da es ihr gelingt den verlorengegangen Geist zu verführen gibt es ein sog. „Happyend", das sich durch die „Glocken des Morgengrauens" äußert. Es ist festzustellen, dass die Mystik der Zigeunerkultur durch die neue Handlung nicht verloren geht, eher im Gegenteil: Die Geschichte ist durch das Hinzufügen der Charaktere *José*, *Carmelo* und *Lucía* für den Zuschauer interessanter geworden, da der Spannungsaufbau größer ist.

4.3.3 Die Veränderungen in der Orchestration

"Nach der Erstaufführung überarbeitete er [de Falla] die erste Version, erweiterte die Orchestration und reduzierte die Dialoge, um ein Ballett daraus zu machen" […][87] Wie bereits erläutert werden konnte, reichte die Unterzeichnung des Vertrags mit dem Chester Verlag im Jahre 1919 nicht aus, damit *El amor brujo* international gesehen an Prestige gewonnen hätte. Es war mehr dazu nötig, daher erweiterte de Falla anfänglich die Orchestration:

> „In der letzten Version des Balletts aus dem Jahre 1924 hat de Falla die Menge der Blas- und Blechinstrumente vergrößert und hat die Besetzung von Trompeten

---

[86] (Jean-Dominique Krynen: „*El amor brujo* was originally only intended to be a small musical show (one song and one dance) to bring matinées and soirées to an end, according to the custom of the day.") Vorwort von der Partitur, 1915, S. 3.

[87] Vgl.: E. Franco in: "Manuel de Falla y su obra". S. 23. "Despúes de su estreno, la revisó, amplió la orquestación y suprimió los diálogos para convertirla en ballet."

und Waldhörnern verdoppelt und auch noch das Fagott hinzugefügt. Das Horn ist durch zwei Klarinetten in B und A erweitert worden"[88].

Diese Aussage lässt sich anhand der Partitur von 1924 nachvollziehen: Es sind insgesamt zwei Flöten, eine Oboe, zwei Klarinetten, ein Fagott, zwei F-Hörner, eine Kesselpauke, ein Klavier, vier Violinen, zwei Violas, zwei Celli und ein Kontrabass besetzt[89]. De Falla selbst beschreibt diese Erweiterung der Orchesterstimmen nicht als „Re-Orchestration", sondern als „instrumentale Verstärkung"[90]. Passend zu der Änderung des Librettos, bei der sich nun nicht mehr nur einer, sondern mehrere Charaktere, vor allem durch den Tanz ausdrücken, wurde die Instrumentation der *Gitanería* der Instrumentation eines Ballets angepasst, das international gesehen an Anerkennung gewinnen sollte. In diesem Sinne verändert sich die Wahrnehmung des Stücks. So waren das Hauptmerkmal der *Gitanería* und die Motivation sie zu komponieren gewesen, dass Imperio bei der Erstaufführung sowohl singen, als auch tanzen würde. Dadurch, dass die Endversion ein Ballett mit mehreren Tänzern wurde, ging der Fokus auf die Protagonistin also etwas verloren, mit dem Ziel einer von Erfolg gekrönten Aufführung auf größeren internationalen Bühnen zu ermöglichen.

4.4 Die finale Version für das Orchester: Ballet 1 acto, Suite concierto

Gallego zufolge haben die erste und die letzte Version nur eines gemeinsam: Den Anfang und das Ende, der Rest unterscheide sich voll und ganz voneinander[91]. Dies kann man jedoch nicht von der letzten Version IX (1925) behaupten, sei es *Ballet un acto* oder *Suite concierto*, da die Struktur von der ersten Version I (1915) sich nach einem langwierigen Kompositionsprozess der letzten Version IX (1925) stark annähert (siehe Kapitel 3.1):

Cuadro 1. La cueva de los gitanos

1.Introducción y (1b) Escena. → 1. Introducción y (1b) Escena. En la cueva.

2. Canción del amor dolido → 2. Canción del amor dolido.

---

[88] A. Jedrzynek in: „Instrumentacja *El amor brujo*", Übs.: "(1) Skład orkiestry El amor brujo jest ograniczony w stosunku do obsad XIX-wiecznych i przypomina bardziej orkiestrę klasyczną. Autorzastosował pojedynczą obsadę instrumentów dętych (flet wymiennie z fletem piccolo, obój, róg w stroju F, kornet w stroju B),", S. 38.
[89] M. de Falla: *El amor brujo*. Partitur von 1924. Besetzung.
[90] J. D. Krynen in: M. de Falla: *El amor brujo. First publication of the original version*. Partitur von 1915. Vorwort S.3.
[91] A. Gallego: *Manuel de Falla y El amor brujo*. S. 118. Üb.: "La Gitanería y el ballet comienzan y terminan de la misma manera, pero todo lo demás es diferente."

3. Sortilegio → 6. A medianoche. Los sortilegios.

4. Danza del fin del día → 7. Danza ritual del fuego. (Para ahuyentar los malos espíritus).

*5. Escena (El amor vulgar) → suprimido [weggelassen].

6. Romance del pescador → 5. El Círculo mágico.

7. Intermedio → 10. Pantomima.

Cuadro 2. La cueva de la bruja

8. Introducción (el fuego fatuo) → 3. El Aparecido.

(*) 9. Escena (El terror)

10. Danza del fuego fatuo → 4. Danza del terror.

**11. Interludio (Alucinaciones) → 8. Escena.

***12. Canción del fuego fatuo → 9. Cancion del fuego fatuo.

*13. Conjuro para reconquistar el amor perdido. → suprimido.

*14. Escena (El amor popular) → suprimido.

***Danza y canción de la bruja fingida → 11. Danza del Juego de amor.

16. Final (Las campanas del amanecer) → 12. Final. Las campanas del amanecer.

Legende: *unterdrückte Szenen; **teilweise unterdrückte Szenen; ***einige Kürzungen[92].

Die Nummern 5, 13 und 14 wurden schließlich komplett weggelassen.

Aus dem Vorwort von Version I (1915), das im Nachhinein verfasst wurde, geht ebenfalls hervor, welche Kürzungen in der Struktur tatsächlich vorgenommen wurden, bei der die Nummer der oberen Leiste jeweils der Nummer der unterenLeiste entspricht[93]:

Nos. In the ballett (1925):	1 2 3 4 5 6 7 8 9 10 11 12
Nos. In the *Gitanería* (1915):	1 2 8/9 10 6 3 4 11 12 7 15 16

Abb. 2 Tabelle: Vorwort aus Version I (1915).

Wenn man diese Übersicht betrachtet, kann man Gallego aufgrund der Reihenfolge der Nummern durchaus Recht geben, da hier nur die ersten beiden Nummern strukturell übereinstimmen. Wenn man jedoch genau hinsieht, ist festzustellen, dass alle Nummern der *Gitanería*, bis auf die Nummern 5, 15, 16 in der letzten Version IX (1925) sind, wenn auch in einer anderen Reihenfolge. Dies dient auch einer Zusammenfassung aller bisher vorgenommenen Kürzungen dient.

---

[92] Ebd.: S. 120.

[93] M. de Falla: *El amor brujo. First publication of the original version.* Partitur. Siehe Vorwort von J.D. Krynen S. 3.

Was nicht passte, wurde für das internationale Publikum passend gemacht: Die Aktion auf der Bühne sollte auf mehr Personen verteilt werden, da die Gefahr bei nur einer Protagonistin darin bestand, dass *El amor brujo* in den großen Theatern nicht triumphieren würde. Obwohl Gallego betont, dass sich die Versionen derartig unterscheiden mögen, ist jedoch zu bemerken, dass die wichtigsten Nummern der *Gitanería* erhalten geblieben sind, wenngleich es zahlreiche Transformationen über die Jahre hinweg gab. In *Cuadro 1. La cueva de los gitanos* fällt ausschließlich Nummer 5 gänzlich weg. Nummer 4, 6 und 7 bekommen lediglich andere Überschriften. Das Stück heißt zwar *Ballett en 1 acto* bzw. *Suite concierto*, enthält dennoch dieselben zwei Hauptszenen (*cuadro 1 und 2*). Die veränderten Überschriften ändern jedoch sinngemäß nichts an dem Charakter und enthalten überdies dieselben musikalischen Elemente wie z. B. in *Romance del pescador/El círculo mágico* das lyrische Seitenthema, das beispielsweise in Version I (1915) ab S. 74 zu finden ist und in Version von VI/VII (1924) ab S. 38 (siehe Anhang). Damit eine Konzertversion entstehen kann, wurde die Orchestration erweitert, wie bereits in Kapitel 4.3 erwähnt wurde. Außerdem beträgt die Länge der *Gitanería* 40' Minuten, wohingegen die letzte nur 23' beträgt[94]. Aus der *Gitanería en dos cuadros* wurde eine *Suite concierto* mit hinzugefügten Charakteren, die zwar in der Handlung zuvor vorhanden waren, aber nicht auf der Bühne erschienen sind. Worin man Gallego allerdings Recht geben kann ist, dass beispielsweise in der ersten Version von 1915 die Nummer *4. Danza del fin del día* viel zu lang ist, im Gegensatz zu all den anderen Nummern der anderen Versionen. Die Empfindung der Ausdehnung dieser Nummer ist durch die Wiederholungen der Hauptfragmente und durch die zahlreichen Wiederholungszeichen (s. Partitur von 1915, S. 42-44) begründet.

5. Fazit

Nach all den genannten Aspekten ist festzuhalten, dass sich das Ballett *El amor brujo* aufgrund der zahlreichen Transformationen zwar sehr verändert hat, jedoch auch viele Gemeinsamkeiten unter den Versionen festgestellt werden konnten. Ein Beispiel hierfür ist die Aufstellung der Nummern, die im Laufe des Kompositionsprozesses in Version I (1915) und Version IX (1925), erhalten geblieben sind. Wie bisher herausgestellt werden konnte, haben sich hier fast

---

[94] N. L. Harper: *Manuel de Falla. His life and his music.* S. 369.

ausschließlich nur die Namen der Überschriften geändert. Ein Zeitgenosse de Fallas zählt diesen „Zu den neueren romanischen Komponisten; [...] Wohltuend berührt das Streben nach Klarheit und Einfachheit in der Schreibweise, der gesunde musikalische Inhalt der Stücke. [...] Die tonale Basis ist erhalten geblieben, ohne jedoch in den Schematismus von vorgestern zu verfallen[95]. Dennoch wurden kompositorische Elemente und Wiederholungen, die anfänglich in anderen Nummern der *Gitanería* zu finden waren, im Laufe der zehn Jahre einfach gestrichen (siehe Bespiel anhand der Partituren von I (1915) und VI/VII (1924)). Es ist zu sehen, dass de Falla vor diversen Problemen in seinem Kompositionsprozess stand, da beispielsweise in Version III (1917) Lücken entstanden sind durch das radikale Herausstreichen bestimmter Nummern (siehe Kapitel 4.2.1). Dieses Problem wird dadurch gelöst, dass de Falla vorherige Nummern wieder in die neue Struktur einbezieht und leicht modifiziert. Die Nummern werden gekürzt *(cortado)* oder weggelassen *(suprimido)*, die Dialoge herausgestrichen und der Gesang wird eingeschränkt. Es ist jedoch zu bemerken, dass de Falla in jeder überarbeiteten Version Elemente streicht und anschließend andere hinzufügt. Dies zeugt von einer gewissen Unentschlossenheit darüber, wie bestimmte Nummern den Gesamteindruck von *El amor brujo* positiv oder negativ beeinflussen. Letztlich entscheidet er sich in Version IX (1925) doch dafür, den Großteil der Stücke der ersten Version I (1915) beizubehalten (siehe vorheriges Kapitel). Die Orchestration ist andererseits ein Aspekt, der stark zwischen den einzelnen Versionen differiert: Während die *Gitanería* anfänglich aus einer Flöte/Piccoloflöte, einer Oboe, einem Horn in F, einem Kornett in B, den Glocken, den Streichern, dem Klavier und dem Mezzosopran, bestand, erschuf de Falla im Jahre 1916 ein Sextett aus Streichern und Klavier, im Jahre 1921 eine Version nur für Gesang und Klavier und schlussendlich eine Version für ein großes Orchester (1924-1925). Konstant erhalten bleibt der spanisch-andalusische Charakter des Werks, der besonders durch den Gesang der Protagonistin *Candelas* hervorgerufen wird und durch die gitarristischen Flamenco-Komponenten, die sich zunächst durch ihr rhythmisches Gerüst (siehe Kapitel 4.1 *Pantomima*) und den daraus resultierenden Kompositionsstil auszeichnen. Man kann demzufolge sagen, dass, obwohl die Grundidee und Motivation des Stücks, die auf Pastora Imperio zurückzuführen sind, durch die Transformation bei der *Gitanería* in ein

---

[95] Karl Westermeyer: „Signale für die musikalische Welt", in: ANNO Historische österreichische Zeitungen und Zeitschriften, Heft Nr. 39, 80. Jahrgang, 1922, S. 1079.

Ballett zwar etwas abhandengekommen sind, hat dies jedoch nichs im musikalischen Sinne von *El amor brujo* geändert. Das Werk wird in der Entwicklung somit in dem Sinne der Zigeunerkultur und der Geschichte von Martínez weitergeführt und im Jahre 1924 für das größere Publikum ausgearbeitet. In der heutigen Aufführungspraxis ist trotz aller Überarbeitungen die *Gitanería* die beliebteste Fassung aller genannten Versionen: „Es ist also die Autorität eine Referenz wiedererlangt zu haben – und eine große Freude – mit der wir heutzutage zu der Aufführung der Originalversion zurückkehren können..“[96].

Alles in allem kann festgestellt werden, dass de Falla durch einen langwierigen Kompositionsprozess gegangen ist, um zu einer oder mehreren Fassungen von *El amor brujo* zu gelangen, die ihn erst spät zufriedenstellten. Dieses Werk fand beim Publikum und bei vielen anerkannten Künstlern, wie z. B. Arthur Rubinstein, fortwährend großes Lob. Rubinstein bezog *Danza ritual del fuego* des Öfteren in sein Klavierprogramm mit ein. *El amor brujo* ist heutzutage ein weltweit berühmtes Stück geworden, das die Mystik der Zigeunerkultur reflektiert und sich durch seinen andalusischen Charakter auszeichnet. Außerdem kann es durch die Anzahl der diversen vorhandenen Versionen, die man in dem *Archivo Manuel de Falla de Granada* wiederfinden kann (siehe *Cátalogo de obras de Manuel de Falla* von Gallego) von den unterschiedlichsten Ensemblekonstellationen aufgeführt werden. Seien es ein Sextett, ein Oktett, ein Duett, oder ein Orchesterwerk. Dieser Aspekt kann wohl als das wichtigste Charakteristikum von *El amor brujo* bezeichnet werden: Die Wandelbarkeit eines Werkes, das durch seine verschiedenen Ausführungen und Versionen wiederum einzigartig erscheint.

---

[96] M. de Falla: *El amor brujo. First publication of the original version.* Partitur. Siehe Vorwort von J. D. Krynen. „Es entonces con la autoridad de haber recobrado una referencia – y un gran placer – que podemos hoy en día volver a actuar esta versión, original'"

6. Literaturverzeichnis

Alle Übersetzungen der spanischen Texte wurden von mir selbst durchgeführt. Die Übersetzung des polnischen Textes „Instrumentacja *El amor brujo* Manuela de Falli" von Andzelika Jedrzejczyk basiert auf der Übersetzung von Anna Topor.

Addessi, Anna Rita:
>   *Claude Debussy e Manuel de Falla, Un caso di influenza stilistica,* Lexis 3, Biblioteca delle arti, Nr. 4, Bologna, CLUEB. 2000.

Arlt, Roberto:
>   *El amor brujo*, 3. Ed., S. A. Buenos Aires : Losada, 2001.

Anonym:
>   http://www.musikfor.unioldenburg.de/mittelmeermusik/pdf/Blatt20%20Spa nien.pdf , zuletzt eingesehen am: 05.08.2017.

Anonym: "El amor brujo de Manuel de Falla" in:
>   (http://ivc.gva.es/wp-content/uploads/2014/09/21415-Candelas.-El-amor-brujo-de-Manuel-de-Falla.pdf) zuletzt eingesehen am 02.08.2017.

Brandstetter, Gabriele, (hrsg.) von Dahlhaus, Carl:
>   „Imperio: El amor brujo (1915)" in: Pipers Enzyklopädie des Musiktheaters, Band 3, Werke Henze, Massine, Laaber, 1989.

Carol A., Hess:
>   *Sacred Passions, the life and music of Manuel de Falla, Modernism in Spain.* Oxford : Oxford University Press. 2005.

Chase, Gilbert: *The Music of Spain*, New York Dover Publ., [aufgekl.:]
>   London: Constable, W. W. Norton, (Ed. En español: La música de España, Buenos Aires, Hachette, 1943; 2a ed. Revisada, New York, Dover. 1959.

De Falla, Manuel:
>   *Escritos sobre músicos: Debussy, Wagner, El cante jondo.* 3. Ed. Madrid: Espasa-Calpe, colección austral, 1972.

Franco, Enrique:
>   "Estreno de una obra inédita de Manuel de Falla" https://elpais.com/diario/1976/06/23/cultura/204328815_850215.html, (23 junio 1976), zuletzt eingesehen am 05.08.2017.

Franco, Enrique:
>   "Manuel de Falla y su obra." Temas españoles. - Madrid: Publ. Españolas, 1976.

Franco, Enrique:
>   "Historia musical de El amor brujo" Barcelona, Círculo de Lectores, 1986.

Franco, Enrique:
>   "La vida breve, noventa años después." Programa. Madrid, Teatro de la Zarzuela (marzo-abril 1996). 1976.

Gallego, Antonio:
>   *Manuel de Falla y El amor brujo*, alianza música, Alianza Editorial S. A., Madrid, AM 49. 1990.

Gallego, Antonio:
>   *Catálogo de Obras de Manuel de Falla* – Madrid, Ministerio de Cultura – Dirección General de Bellas Artes y Archivos. 1987.

Garms, Thomas:

Der Flamenco und die spanische Folklore in Manuel de Fallas Werken. Wiesbaden Breitkopf & Härtel, 1990.

Harper, Nancy Lee:
   Manuel de Falla: His Life and Music, University of Michigan, The Scarecrow Press Inc. Lanham, Maryland and Oxford. 2005.

Jaenisch, Julio:
   Manuel de Falla und die spanische Musik, Zürich, Freiburg I. Br.: Atlantis Verlag, 1952.

Jędrzejczyk, Andzelika:
   "Instrumentacja *El amor brujo* Manuela de Falli", in: JSTOR, Mlodych, Kwartalnik, Muzykologów UJ. Nr 27., Uniwersytet Jagiellonski w Krakowie. 2015.

Karl Westermeyer:
   „Signale für die musikalische Welt" in: ANNO. Historische österreichische Zeitungen und Zeitschriften. Heft Nr. 39, 80. Jahrgang, begründet von Bartholdt Senft, 1922.

Lamas, Rafael:
   "Música e identidad: el teatro musical español y los intelectuales en la Edad Moderna", Review. in: JSTOR Journals, University of Pennsylvania Press, 2011.

Lamas, Rafael:
   "Zarzuela and the Anti-Musical Prejudice of the Spanish Enlightenment", in: JSTOR Journals. University of Pennsylvania Press, 2006.

Lamas, Rafael:
   "Remembering, interpreting. Cultural Memory in MdF El amor brujo", New York. 2003.

Leblon, Bernard:
   Flamenco. (Mit einem Vorwort von Paco de Lucía), Palmyra, Heidelberg 2001.

Lustgarten, Egon:
   „Musikblätter des Anbruch", in: ANNO Historische österreichische Zeitungen und Zeitschriften, Heft Nr. 13-14, 4. Jahrgang, 1922.

Mattalia, Sonia:
   "Modernización y desjerarquización cultural: el caso Arlt *(De La vida puerca y El amor brujo",* 1992.

Merk, Ulrike:
   „Musik aus Al-Andalus als Erneuerungs- und Inspirationsquelle für die Spanische Moderne, Kontextualiserung und Exemplarische Analysen des Gitarren-Repertoires", Dissertation. 2003.

Moreda Rodriguez, E.:
   "A catholic, a patriot, a good modernist: Manuel de Falle and the Francoist musical press." Jan 01, 14(3). Pp University of Glasgow. UK, in: *Hispanic Research Journal,* 2013.

Pahissa, Jaime:
   Vida y obra de Manuel de Falla (nueva edición ampliada), His life and his works. Übs. von Wagstaff, Jean, Ricordi, Buenos Aires. 1956. (span. Original: 1947).

Pahlen, Kurt:
   „Manuel de Falla und die Musik in Spanien", Review. In: JSTOR Journal, 1952.

Slaby, Dr. Rudolf J., Grossmann, Prof. Dr. Rudolf, Illig, Dr. Carlos:

Wörterbuch der spanischen und deutschen Sprache. Spanisch Deutsch-Aleman-Español. Vierte Auflage. Oscar Brandstetter Verlag, Brandstetter, Wiesbaden, 1975.

Sopeña, Federico I.:
Vida y obra de Manuel de Falla. Madrid: Turner. 1988.

Starkie, Walter:
"The Gipsy in Andalusian Folk-Lore and Folk-Music" in: *Proceedings of the Musical Association.* 62: 1-20, Royal Musical Association, 1935.

Zapke, Susanna (ed.):
Falla y Lorca, entre la tradición y la vanguardia. Europäische Profile 53. Kassel, Edition Reichenberger. 1999.

6.1 Notenverzeichnis

Manuel de Falla:

El amor brujo, Gitanería in two acts, Scenario by Gregorio Martínez Sierra and María Lejarraga, edited by Antonio Gallego, supervising editor: Nicholas Hare, Score, Chester Music, CH 60664, First publication of the original version. Vorwort von Jean-Dominique Krynen. [1915 version].

Manuel de Falla:

El amor brujo (1921): Danse rituelle du feu. El sombrero de tres picos. Piano et chant. Partitur. (hrsg.), V. Yvan Nommick, (Partitur), Ed. Chester (CH 61491), London 2001.

Manuel de Falla:

El amor brujo. Recit du Pecheur, The Fisherman's Song, in: http://hz.imslp.info/files/imglnks/usimg/b/b5/IMSLP366488-SIBLEY1802.24604.1fdd-39087011373471score.pdf, zuletzt eingesehen am 30.07.2017, Chester Library For Piano. J. & W. Chester. 1922.

Manuel de Falla:

El amor brujo, L'mour sorcier. Orchesterpartitur, Chester. London. 1924.

Manuel de Falla:

El amor brujo, Ed. Chester, CH 61491. *Ballett en un acte de G. Martinez Sierra, musique de Manuel de Falla, partition de piano et chant.* London. Chester. 1925.

Manuel de Falla:

El amor brujo, first publication from rediscovered manuscript. Pantomime and Ritual Fire Dancefrom El Amor Brujo for sextet. Version for sextet (1915 rev. 1926), Chester Music, CH 60498, 1926.

6.2 Abbildungsverzeichnis

Abb. 1   Antonio Gallego: *Manuel de Falla y el amor brujo.* Schema der verschiedenen Versionen plus die Ergänzung der Instrumentation von *El amor brujo.* 1990, S. 6.

Abb. 2   Manuel de Falla: *El amor brujo. Gitanería in two acts.* [1915 version]. Tabelle: Vorwort aus Version I (1915). S. 31.